Liebe Floristinnen, liebe Floristen,

immer wieder neue Ideen finden, um mit erfrischenden Ansätzen das Geschäft zu beleben, ist wirklich nicht leicht. Aber genau das ist das Geheimnis eines florierenden Betriebs. Denn unsere KundInnen suchen immer wieder Neues und Anderes. In unserer Wohlstandsgesellschaft, in der eigentlich alles jederzeit verfügbar ist und wir eigentlich auch alle alles haben, wird das Kaufen und Konsumieren nur durch Neuheiten angeregt.

So punkten wir in diesem Sommer mit erfrischenden Verkaufspräsentationen! Stay home, ist das Motto unserer saisonalen Angebote, bei dem unsere blühende Pracht den Ton angibt und Wünsche weckt! Aber auch unsere blumigen Ideen fürs gesellige Zusammensein als Tischgemeinschaft, unsere Mobilés aus Draht oder aber die nachhaltigen Verschenk-Ideen bieten viele Ansätze für ein abwechslungsreiches Sommergeschäft. Holt Euch diese Ideen und lasst Euch inspirieren!

Wir wünschen Euch ein gutes Gelingen und erfolgreiches Verkaufen im Sommer!

Hella Henckel, Michael Sutmöller
und das PRAXIS-Team

Hinweise

- **!** **Tipps, Anmerkung und/oder zu beachtende Fakten**
- **»** **Informationen zu den Herstellungsschritten**
- **1** **Nummerierung in Verbindung mit Bild und Text**

Alle Angaben beziehen sich, wenn nicht anders angegeben, auf ein Werkstück.

Die Fertigungszeiten orientieren sich, außer bei Einzelwerkstücken wie Brautstrauß und Kranz, an der Serienfertigung. Kundenberatungszeiten sind nicht enthalten.

Weil die Fotoproduktionen in der Regel wenige Wochen vor Erscheinen jeder Ausgabe liegen, ist nicht immer die zur Saison gehörende Frischware erhältlich.
In diesen Fällen greifen wir auf Textilblumen, Kunststofffrüchte etc. zurück, ohne jedoch die gestalterische Wirkung und die für Frischblumen notwendige Technik zu verändern.

Inhaltsverzeichnis

STAYCATION – Urlaub zuhause

„Staycation", die Aufforderung „Mach mal Urlaub zuhause", ist das Trendthema für den Sommer in den Cash & Carry-Märkten von Landgard. Die Vielfalt der Blumen- und Pflanzenangebote macht es möglich, dass das Zuhause zu einer blühenden Wohlfühloase wird. Mit den passenden Werbemitteln und den kreativen Umsetzungsideen verstehen die Kunden schnell, dass es hier um ein persönliches Sommer-Wohlfühl-Angebot geht.

Der überdimensionierte XXL-Cocktailbecher mit Trinkhalm und Melonenakzent, hier gefüllt mit blühendem Blumenmix, ist der Eyecatcher für das Blumengeschäft oder das Pflanzencenter zum Sommerthema „Staycation". Das macht doch unmittelbar deutlich, dass es ums Entspannen und Genießen in sonnig-sommerlicher Atmosphäre geht! Der Eyecatcher besteht aus einer Regentonne, die mit gelber Farbe bestrichen ist und Sommerblühern bepflanzt wird.

» 1 Ein Kunststoffwasserrohr wird zum Trinkhalm, indem es in passende Länge zersägt, zusammengesteckt und pinker Farbe gestrichen wird. 2 Für das Melonenstück wird ein schmales Dreieck aus einer Styroporfläche geschnitten, wobei die kürzeste Seite nicht gerade, sondern leicht nach außen gewölbt bleibt. Mit den entsprechenden Farben, also Grün für die Melonenschale, Weiß für den Innenrand, Rot fürs Fruchtfleisch und Schwarz für die Kerne, wird nun das Melonenstück aufgemalt und 3 dieses – zusammen mit dem überdimensionierten Trinkhalm in den bepflanzten XXL-Cocktailbecher gesteckt.

Carex brunnea, Carex carophyllea, Chasmanthium latifolium, Dianthus caryophyllus, Lavandula stoechas, Rosa Cultivar (alles Landgard) · Zweige

Schale · Muscheln · Schnur · Naturbast · Rebenbinde-, Wickeldraht (beides BUCO) · Pflanzerde · Drainagematerial · Splittstab

Zeit 18 min · **Höhe** 102 cm · **Durchmesser** 52 cm

Lavendel/*Lavandula angustifolia* (Landgard)

Lavandula angustifolia, Lavandula stoechas (beide Landgard)

Schale · Korb · Naturbast · Muscheln · Seil · Strohrömer · Wickeldraht (BUCO) · Heißkleber · Pflanzerde · Drainagematerial

Zeit 20 min · **Höhe** 64 cm · **Durchmesser** 52 cm

Dianthus carophyllus (Landgard) · Baumscheibe

Gefäß · Rebenbindedraht (BUCO) · Pflanzerde · Steckdraht (BUCO) · Abtönfarbe · Filzmarker

Zeit 19 min · **Höhe** 26 cm · **Durchmesser** 14 cm

1 Für die kleinen, mitnahmegerechten „Pflanzencocktails" Astscheiben anbohren. 2 Mit der Rosenschere jeweils den Steg zum Loch durchtrennen und die Scheibe wie eine Zitronenscheibe kolorieren und bemalen. 3 Steckdrähte mit farbigem Rebenbindedraht umwickeln, leicht knicken und beide Elemente als Trinkhalm bzw. Zitronenscheibedekoration an dem bepflanzten Gefäß fixieren.

1

2

3

1 Die Zweigenden mit der Rosenschere aufspalten, dann oberhalb der Spaltung mit papierummanteltem Draht umwickeln, damit sich der Spalt nicht fortsetzt und die Zweige auf den Glasrand klemmen. Peddigrohr locker um das Glas wickeln und mit Draht an den aufgesteckten Zweigen befestigen. 2 Wasser einfüllen, die Blumen einstellen, angebohrte und mit Draht versehene Muscheln am Peddigrohr befestigen, Seil umbinden und festknoten.

Allium giganteum, Chasmanthium latifolium, Gladiolus Cultivar (alles Landgard) · Zweige

Zylinderglas · Seil · Papierummantelter Draht (BUCO) · Peddigrohr · Muschel · Wickeldraht

Zeit 15 min · **Höhe** 92 cm · **Durchmesser** 32 cm

Bestholletia exelsa, Citrus microcarpa, Cocos nucifera, Trachycarpus fortunei (alles Landgard) · Moos

Korb (Gasper) · Gefäß (D+M) · Maulbeerbaumrinde (Lino) · Peddigrohr · Pflanzerde · Drainagematerial · Zierdraht (BUCO) · Splittstab

Zeit 20 min · **Höhe** 132 cm · **Durchmesser** 79 cm

Zwergorange/*Citrus microcarpa* (Landgard)

Fächerpalme/*Trachycarpus fortunei* (Landgard)

» 1 Die Oberfläche des bepflanzen Korbes wird mit dekorativen Kugeln abgedeckt, dazu Moos zu Kugeln wickeln. 2 Anschließend die Mooskugeln mit Maulbeerbaumrinde, Peddigrohr oder anderen Materialien mittels Zierdraht bewickeln. 3 Splittstab durchschieben und damit auf der Erdoberfläche fixieren.

NACHHALTIG Schenken

Wenn Blumen für Geschenkfloristik aus „fairem" Anbau stammen, also faire Produktions- und Handelsbedingungen für alle hieran beteiligten Menschen eingehalten werden, wofür FleuraMetz bei seinen Blumen und Pflanzen garantiert, und dann noch nachhaltige Steckgrundlagen, wie die von Smithers-Oasis, hinzukommen, geschieht Schenken mit einem ruhigen Gewissen und ist ein Teil von nachhaltigem Handeln.

Astilbe x arendsii 'Vision in Pink', *Astrantia major* 'Star of Africa', *Chysanthemum x grandiflorum* 'Cipria', *Clematis* 'Amazing® London', *Matthiola incana* (alles FleuraMetz) · *Pelargonium odoratus* (PfE) · *Rosa* Cultivar (FleuraMetz)

Schale · Steine

Kenzan, Knetkleber (beides OASIS® Floral Products)

Zeit 8 min · **Höhe** 22 cm · **Durchmesser** 16 cm

alle Angaben für ein Werkstück

Dekorationselemente im Bild: Teller (Gina Da by Ceramics Limburg)

1 Auf der Unterseite des Kenzans drei Punkte Knetkleber aufbringen. 2 Damit den Kenzan am Schalenboden fixieren. 3 Den Kenzan mit den Blumenstielen bestecken, zum Schluss die Steine dazu dekorieren und Wasser in die Schale füllen.

Allium 'Purple Rain', *Astrantia major* 'Star of Africa', *Campanula medium* 'Lavendel', *Clematis* 'Amazing® London' (alles FleuraMetz) · *Pelargonium odoratus* (PfE) · *Rosa* Cultivar, *Sanguisorba officinalis*, *Viburnum opulus* (alles FleuraMetz)

Schale · Steine

Kenzan, Knetkleber (beides OASIS® Floral Products)

Zeit 12 min · **Höhe** 52 cm · **Durchmesser** 34 cm

Allium 'Purple Rain', *Astrantia major* 'Star of Africa', *Campanula medium*, *Clematis* Cultivars, *Daucus carota* 'Dara', *Delphinium* Cultivar, *Eustoma grandiflorum*, *Lilium* Cultivar, *Matthiola incana* (alles FleuraMetz) · *Pelargonium odoratus* (PfE) · *Sanguisorba officinalis*, *Talinum paniculatum* 'Long John', *Thlaspi arvense* (alles FleuraMetz)

Gefäß

Hühnerdraht (OASIS® Floral Products)

Zeit 18 min · **Höhe** 65 cm · **Durchmesser** 41 cm

Dekorationselemente im Bild: Becher (ASA)

Wie dieser Strauß gefertigt wird, zeigt das Video unter:
» blooms.de/fairegeschenkfloristik

Astrantia major 'Star of Africa', *Chasmanthium latifolium*, *Chysanthemum x grandiflorum* 'Cipria', *Clematis* 'Amazing® London', *Daucus carota* 'Dara', *Eustoma grandiflorum*, *Matthiola incana* (alles FleuraMetz) · *Pelargonium odoratus* (PfE) · *Phlox paniculata* 'Butterfly' (alles FleuraMetz) · *Thlaspi arvense*

Baumstammstück · Glasgefäß · Botschaft aus Papier · Schnur · Tackerklammern

Hühnerdraht (OASIS® Floral Products)

Zeit 20 min · **Höhe** 45 cm · **Durchmesser** 45 cm

Dekorationselemente im Bild: Krug (Gina Da by Ceramics Limburg)

» 1 Zunächst den Hühnerdraht in die gewünschte Größe schneiden und zum rundlichen „Korb" formen. Diesen auf das Baumstammstück tackern. 2 Trockene *Thlaspi*-Zweige in den Drahtkorb kreuz und quer einstecken. 3 Das Glasgefäß mittig auf das Baumstammstück stellen, Wasser einfüllen und die Blumen straußähnlich einfügen. Zum Schluss Botschaft mit Schnur anknoten.

1
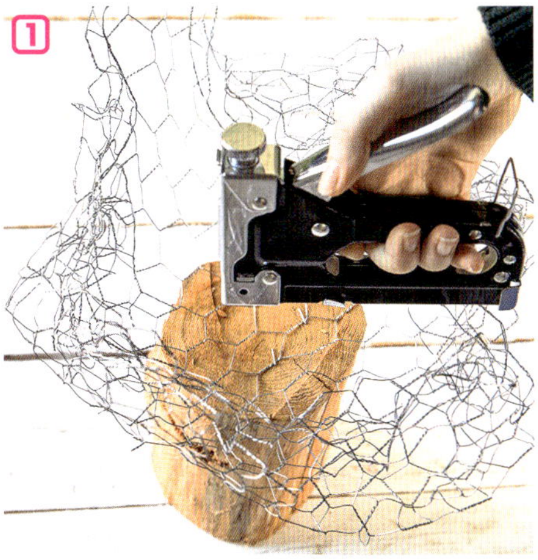

2

3

Astilbe x arendsii 'Vision in Pink', *Astrantia major* 'Star of Africa', *Campanula medium* 'Lavendel', *Chysanthemum santini* 'Doria', *Clematis* 'Amazing® Miami', *Eustoma grandiflorum* (alles FleuraMetz) · *Pelargonium odoratus* (PfE) · *Phlox paniculata* 'Butterfly', *Rosa* Cultivar, *Sanguisorba officinalis, Thlaspi arvense* (alles FleuraMetz) · Zweige · Birkenstammscheibe

Band (Goldina Da Vinci artfleur) · Wollschnur (Lehner) · Glas · Botschaft aus Papier

OASIS® NatureSource™ Blumensteckschaum, kompostierbares Dekogewebe (beides OASIS® Floral Products)

Zeit 18 min · **Höhe** 52 cm · **Durchmesser** 38 cm

Dekorationselemente im Bild: Krug (Gina Da by Ceramics Limburg)

1 Löcher am Außenrand entlang in die Holzscheibe bohren und passende Zweige einstecken. **2** Das kompostierbare Gewebe in Streifen schneiden und diese zwischen den Zweigen zusammen mit dem Band und der Wollschnur hindurchweben. **3** NatureSource™-Steckbasis in die gewünschte Größe schneiden, wässern und ins Glasgefäß einsetzen, bevor es mit den Blumen besteckt wird.

Astrantia major 'Star of Africa', *Campanula medium, Chysanthemum santini* 'Doria', *Clematis* 'Amazing® Rome', *Dianthus caryophyllus* (alles FleuraMetz) · *Pelargonium odoratus* (PfE) · *Rosa* Cultivar, *Sanguisorba officinalis, Thlaspi arvense* (alles FleuraMetz)

Glasgefäß

OASIS® NatureSource™ Blumensteckschaum, kompostierbares Dekogewebe, Papierklebeband (alles OASIS® Floral Products)

Zeit 10 min · **Höhe** 35 cm · **Durchmesser** 23 cm

alle Angaben für ein Werkstück

Astilbe x arendsii 'Vision in Pink', *Chysanthemum x grandiflorum* 'Cipria', *Clematis* 'Amazing® Rome', *Daucus carota* 'Dara', *Delphinium* Cultivar, *Dianthus caryophyllus*, *Matthiola incana* (alles FleuraMetz) · *Pelargonium odoratus* (PfE) · *Rosa* Cultivar, *Talinum paniculatum* 'Long John' (alles FleuraMetz)

Gefäß (Klatt Objects)

OASIS® TerraBrick™ Floral Media (OASIS® Floral Media)

Zeit 15 min · **Höhe** 67 cm · **Durchmesser** 45 cm

Allium 'Purple Rain', *Astrantia major* 'Star of Africa', *Chasmanthium latifolium*, *Chysanthemum x grandiflorum* 'Cipria', *Clematis* 'Amazing® London', *Eustoma grandiflorum* (alles FleuraMetz) · *Pelargonium odoratus* (PfE) · *Rosa* Cultivar, *Talinum paniculatum* 'Long John' (alles FleuraMetz) · Zweig

Glasgefäß mit Kante · Schnur · Schneckenhäuser · Botschaft aus Papier

OASIS® TerraBrick™ Floral Media (OASIS® Floral Media)
Rohdraht, Wickeldraht, Bindedraht (alles OASIS® Floral Products)

Zeit 18 min · **Höhe** 44 cm · **Durchmesser** 28 cm

Dekorationselemente im Bild: Becher (ASA)

» 1 Zwei Rohdrähte um den Glasrand anlegen und mit Wickeldraht fest umwickeln. 2 Rohdrahtenden zu einer Öse umbiegen und den Draht mit Bindedraht umwickeln. Ein Aststück zurechtschneiden, an beiden Seiten anbohren und die Drahtenden in die Löcher stecken, sodass ein Griff entsteht. 3 TerraBrick™-Steckbasis wässern, ins Glas setzen und wässern, die Blumen einstecken und den Anhänger mit Grußbotschaft anbringen.

» Zu den Produkten von FleuraMetz siehe Seite 60–61 und von Smithers-Oasis Seite 62–63.

Bundweise
DEKO-IDEEN

Was lässt sich aus einem Bund Chrysanthemen erstellen? Dieser Frage geht unser Team nach und entwickelt jede Menge schöner Umsetzungsideen auf Basis zwei verschiedener Chrysanthemen-Blumenbunde, ergänzt um einige weitere Blüher.

Alchemilla mollis · *Chasmanthium latifolium* · *Clematis* Cultivar · *Chrysanthemum x grandiflorum*-Bund I: 'Etrusko White', 'Grand Salmon', 'Korona', 'Madiba® White Obizo', 'Rossi Lobster' (alles Just Chrys) · *Lavandula stoechas* · *Pelargonium odoratus* · *Thlaspi arvense*

Vase (D&M) · Schnur · Metallring · Steckdraht (BUCO)

Bindebast, Floraltape (beides OASIS® Floral Products)

Zeit 15 min · **Höhe** 38 cm · **Durchmesser** 40 cm

Dekorationselemente im Bild: Teller (ASA)

Alchemilla mollis · *Craspedia globosa* · *Chysanthemum x grandiflorum*-Bund I: 'Etrusko White', 'Grand Salmon', 'Korona', 'Madiba® White Obizo', 'Rossi Lobster' (alles Just Chrys) · *Lavandula stoechas* · *Thlaspi arvense*

Schale · Papier · Kleister

Maschendraht (OASIS® Floral Products)

Zeit 15 min · **Höhe** 26 cm · **Durchmesser** 30 cm

Dekorationselemente im Bild: Teller (Gina Da by Ceramics Limburg)

1 Buntes Papier mit dem Aktenvernichter in Streifen schneiden. 2 Dann die Papierstreifen mit Kleister auf die Schale kleben, dazu am besten Einmalhandschuhe tragen. Alles trocknen lassen. 3 Nun Maschendraht in die Schale integrieren, Wasser hineinfüllen und die Chrysanthemen sowie die weiteren Blumen durch den Draht als alternative Steckhilfe einfügen.

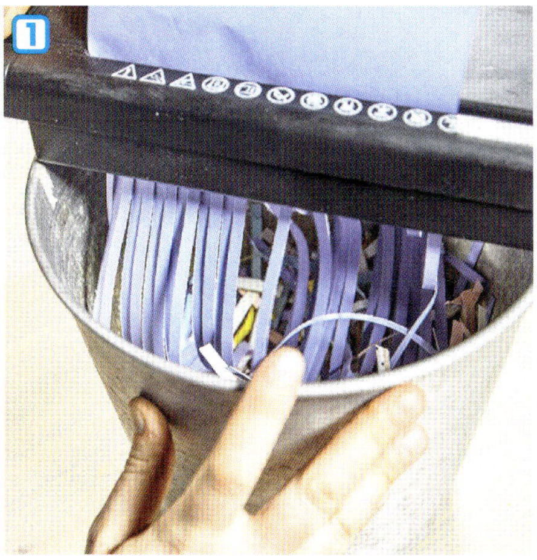

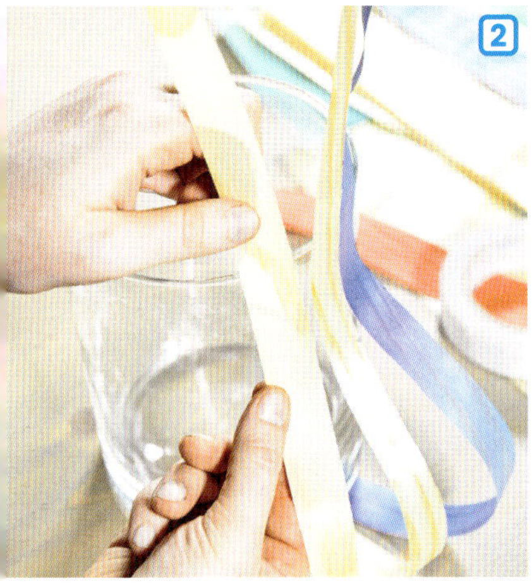

Alchemilla mollis · *Briza media* · *Chysanthemum x grandiflorum*-Bund I: 'Etrusko White', 'Grand Salmon', 'Korona', 'Madiba® White Obizo', 'Rossi Lobster' (alles Just Chrys) · *Olea europaea* · *Pelargonium odoratus* · *Thlaspi arvense*

Zylinderglas · Schnur · Furnierstreifen Kyogi (Greengabes)

wasserbasiertes Farbspray, Heißkleber, doppelseitiges Transparentklebeband (alles OASIS® Floral Products)

Zeit 18 min · **Höhe** 50 cm · **Durchmesser** 52 cm

Dekorationselemente im Bild: Lampe (D&M)

1 Furnierstreifen mit Farbspray kolorieren und trocknen lassen. Dann das Furnier in dünnere Streifen schneiden und jeweils ein Ende der Streifen mit Heißkleber unter den Glasboden kleben. **2** Das jeweilige andere Ende nacheinander mit doppelseitigem Klebeband oben am Glasrand befestigen. **3** Diesen Klebebereich durch Umwickeln mit Schnur kaschieren, Wasser ins Glas füllen und die Floralien einstellen.

Briza media · *Chysanthemum x grandiflorum*-Bund II: 'Stylist Pink', 'Capriool', 'Ellison Salmon', 'Pastela Bellini', 'Yin Yang® Cream' (alles Just Chrys) · *Lavandula stoechas* · *Olea europaea* · *Pelargonium odoratus* · *Thlaspi arvense*

Glasvase · Gummiringe

Zeit 15 min · **Höhe** 24 cm · **Durchmesser** 37 cm

Briza media · *Chysanthemum x grandiflorum*-Bund II: 'Stylist Pink', 'Capriool', 'Ellison Salmon', 'Pastela Bellini', 'Yin Yang® Cream' (alles Just Chrys) · *Craspedia globosa* · *Lavandula stoechas* · *Limonium tetragonum* · *Olea europaea* · *Pelargonium odoratus*

Glasvase · Keramiktopf · Farbe · Sekundenkleber

Zeit 18 min · **Höhe** 80 cm · **Tiefe** 40 cm

Briza media · *Chysanthemum x grandiflorum*-Bund II: 'Stylist Pink', 'Capriool', 'Ellison Salmon', 'Pastela Bellini', 'Yin Yang® Cream' (alles Just Chrys) · *Craspedia globosa* · *Lavandula stoechas* · *Thlaspi arvense*

Glasvase (Gina Da by Ceramics Limburg) · Papierdekodraht, Steckdraht, Wellendrahtring (alles BUCO)

Bindebast, Kunststofftape (beides OASIS® Floral Products)

Zeit 20 min · **Höhe** 56 cm · **Durchmesser** 63 cm

Dekorationselemente im Bild: Lampe (D&M)

1

2

3

1 Drei verschiedenfarbige Papierdekodrähte zusammenfassen und mit der Fingerhäkel-Technik eine Matte anfertigen. 2 Drei Steckdrähte mit dem Kunststofftape umwickeln, diese an drei Stellen am Wellendrahtring befestigen und das Grundgestell dann von unten an der Häkelmatte anbringen. 3 Nun die Blumen durch das Grundgestell stecken und mit den Steckdrähten zum Strauß binden.

» Zu den Produkten von Just Chrys siehe Seite 64–65.

BLUMIGES für die Kaffeetafel

Ob Herz, Mond, Tasche oder nur der Kerzenhalter, alle schmückenden Tischdekorationsteile zeigen eine sommerliche Blütenvielfalt. Die besonderen Steckgrundformen von Smithers-Oasis machen es möglich, dass diese schnell und perfekt gelingen.

Clematis Cultivar · *Lysimachia clethroides* · *Matthiola incana* · *Pelargonium odoratus* · *Thlaspi arvense* · *Viburnum opulus*

Glasröhrchen · Kerze (Wenzel)

schwarzer Frischblumensteckschaum-Zylinder mit schwarzer Kunststoffschale (OASIS® Floral Products)

Zeit 7 min · **Höhe** 42 cm · **Durchmesser** 17 cm

alle Angaben für ein Werkstück

Dekorationselemente im Bild: Geschirr (ASA) · Wassergläser (Hübsch)

Alstroemeria Cultivar · *Argyranthemum frutescens* · *Astilbe x arendsii* · *Clematis* Cultivar · *Limonium tetragonum* · *Matthiola incana* · *Pelargonium odoratus* · *Thlaspi arvense*

Schnur

Frischblumensteckschaum-Zylinder mit weißer Kunststoffschale, kompostierbares Dekogewebe (beides OASIS® Floral Products)

Zeit 15 min · **Höhe** 34 cm · **Durchmesser** 21 cm

alle Angaben für ein Werkstück

Dekorationselemente im Bild: Geschirr (ASA) · Wassergläser (Hübsch)

1 Zunächst ein Rechteck aus dem Dekogewebe ausschneiden, dieses zur Hälfte falten, dann die seitlichen Kanten umknicken, sodass eine Tasche entsteht. 2 Die seitlichen Faltungen lochen, durch die Löcher eine Schnur ziehen und verknoten. 3 Dann den Frischblumensteckschaum wässern, mit der Schale in die Tasche einsetzen und mit den Blumen bestecken.

1

2

3

Argyranthemum frutescens · *Clematis* Cultivar · *Eustoma grandiflorum* · *Limonium tetragonum* · *Rosa* Cultivar · *Thlaspi arvense* · *Viburnum opulus*

Topfband (Lehner Wolle)

schwarzes Frischblumensteckschaum-Herz mit schwarzer Holzunterlage, Heißkleber, wasserbasiertes Farbspray (alles OASIS® Floral Products)

Zeit 15 min · **Höhe** 15 cm · **Breite** 24 cm · **Tiefe** 38 cm

Dekorationselemente im Bild: Geschirr (ASA) · Wassergläser (Hübsch)

Die Form wurde mithilfe der wellenförmigen Faltung des Topfbandes erstellt.

Clematis Cultivar · *Rosa* Cultivar · *Thlaspi arvense*

Glasröhrchen · Stecknadeln

schwarze Frischblumensteckschaum-Herzstange, kompostierbares Dekogewebe (beides OASIS® Floral Products)

Zeit 8 min · **Höhe** 33 cm · **Breite** 15 cm · **Tiefe** 9 cm

alle Angaben für ein Werkstück

1 Ein ca. 4 cm breites Stück von der Steckschaum-Herzstange abschneiden. 2 Nun das kompostierbare Dekogewebe in Streifen schneiden und in mehreren Schichten um den Rand des Herzens herum mittels Stecknadeln aufbringen. 3 Seitlich ein Loch in das Gewebe schneiden, hier ein Glasröhrchen einstecken, dieses mit Wasser befüllen und die Blüten einstellen.

Allium giganteum · *Astilbe x arendsii* · *Campanula medium* · *Clematis* Cultivar · *Daucus carota* · *Eustoma grandiflorum* · *Galax urceolata* · *Pelargonium odoratus* · *Rosa* Cultivar · *Viburnum opulus*

schwarzer Frischblumensteckschaum-Ziegel mit schwarzer Kunststoffschale (OASIS® Floral Products)

Zeit 15 min · **Höhe** 18 cm · **Breite** 25 cm · **Tiefe** 40 cm

Dekorationselemente im Bild: Geschirr (ASA) · Wassergläser (Hübsch)

Astilbe x arendsii · *Campanula medium* · *Clematis* Cultivar · *Eustoma grandiflorum* · *Limonium tetragonum* · *Lysimachia clethroides* · *Pelargonium odoratus* · *Rosa* Cultivar · *Thlaspi arvense*

Kerze (Wenzel) · Tasse · Schnur · Sand

schwarzer Frischblumensteckschaum-Mond mit schwarzer Holzunterlage, Trockenblumensteckschaum-Ziegel, wasserbasiertes Farbspray, Kerzenhalter (alles OASIS® Floral Products)

Zeit 15 min · **Höhe** 30 cm · **Breite** 44 cm · **Tiefe** 14 cm

Dekorationselemente im Bild: Geschirr (ASA) · Wassergläser (Hübsch)

1 Zunächst die Holzunterlage des Steckschaum-Mondes kolorieren und trocknen lassen. 2 Dann auch die Tasse kolorieren und nach der Trocknung auf den Mond mittels Heißkleber befestigen. 3 Den Trockenblumensteckschaum in Würfelform schneiden und in die Tasse kleben. Den Kerzenhalter kürzen, mit Schnur umwickeln und in den Steckschaum stecken. Die Tasse mit Sand befüllen und Blütenblätter oben drauf streuen. Zum Schluss die Blumen in den gewässerten Frischblumensteckschaum des Mondes einstecken.

1

2

3

» Zu den Produkten von Smithers-Oasis siehe Seite 62–63.

MOBILÉS MIT TROCKENBLUMEN

Die Drähte der Firma BUCO mit ihren vielfältigen Ausführungen in Material, Stärke und Farbe ermöglichen den dekorativen Einsatz des Werkstoffs Draht. Insbesondere bei Mobilés ist Draht unentbehrlich und spielt hier seine lebhafteste Rolle.

Limonium tetragonum · Lunaria annua · Xerochrysum bracteatum

Aluminiumdraht blank/weich, Classic-Dekodraht kupfer, Classic-Dekodraht weiß, Papierwickeldraht, Flachdraht (alles BUCO) · Holzperle · Schnur · Adventskranzreifen

Zeit 20 min **Durchmesser** 44 cm

» 1 Aluminiumstäbe zum Winkel biegen, hier die Schnüre zur Aufhängung befestigen. Holzperlen auf Winkel auffädeln. 2 Trockensteckschaum-Kugeln sortenrein mit den Floralien bestecken und mit Stecknadeln fixieren. 3 Den *Allium*-Trockenfruchtstand mittels Umwicklung mit Silberdraht an ein Ende einer Aluminiumstange fixieren. Die besteckten Kugeln auf die übrigen Enden stecken, dabei eine austarierte Haltung durch zusätzliches Aufstecken von Perlen erreichen.

Allium christophii · Allium giganteum · Eucalyptus robusta · Xerochrysum bracteatum

Aluminiumstab blank/weich, Classic-Dekodraht weiß, Classic-Deko Draht kupfer (alles BUCO) · Schnur · Holzperlen · Stecknadeln

Trockensteckschaum-Kugel (OASIS® Floral Products)

Zeit 30 min · **Höhe** 130 cm · **Breite** 80 cm · **Tiefe** 65 cm

Allium giganteum · Dipsacus sativus · Eucalyptus robusta · Limonium tetragonum · Lunaria annua · Ast

Classic-Dekodraht, Aluminiumstäbe (alles BUCO) · Schnur · Öse · Holzperlen · Holzleim

Zeit 30 min · **Höhe** 120 cm · **Durchmesser** 80 cm

1 Den entrindeten Ast mehrfach anbohren, Aluminiumstäbe in die Löcher fügen und leicht bogenförmig nach unten biegen. Einige der Aluminiumstäbe dicht mit andersfarbigem Zierdraht umwickeln. 2 Oben an den Ast die Öse anschrauben, Schnur anbringen und aufhängen. Die Trockenfloralien mit Zierdraht an den Enden der Aluminiumstäbe befestigen, Eukalyptusblätter auf die unbewickelten Aluminiumstäbe fädeln, am Ende eine Holzperle als „Stopper" festkleben.

1

2

Bougainvillea glabra · *Dipsacus sativus* · *Eucalyptus robusta* · *Limonium tetragonum* · *Papaver somniferum* · *Polytrichum commune* · *Xerochrysum bracteatum* · Holzscheibe

Holzperle, Premium-Dekodraht, Aluminiumstab (alles BUCO) · Schnur · Stein · Heißkleber

Zeit 30 min · **Höhe** 110 cm · **Breite** 48 cm · **Tiefe** 18 cm

1

2

3

1 Aluminiumstange zum Bogen formen, Holzperle aufstecken und mittels Schnur aufhängen. Holzscheibe seitlich anbohren, Aluminiumstab einstecken und festkleben. 2 Holzscheibe mithilfe von Zierdraht mit Moos umwickeln, Trockenblumen aufkleben und am oberen Aluminiumbogenende andrahten. 3 *Eucalyptus*-Blätter auf das andere Ende des Aluminiumbogens stecken und Stein als Gegengewicht andrahten.

Bougainvillea glabra · *Dipsacus sativus* · *Eucalyptus robusta* · *Limonium tetragonum* · *Papaver somniferum* · *Polytrichum commune* · *Xerochrysum bracteatum* · Holzscheibe

Stein , Aluminiumdraht blank/weich, Classic-Dekodraht weiß, Steckdraht (alles BUCO) · Heißkleber

Trockenblumensteckschaum-Kugel (OASIS® Floral Products)

Zeit 20 min · **Höhe** 45 cm · **Breite** 25 cm · **Tiefe** 33 cm

1 Den Aluminiumdraht in eine Bohrmaschine einspannen und bei langsamer Umdrehung mit dem kupferfarbenem Classic-Dekodraht umwickeln. Den Draht dann sichelförmig in Form biegen und im Holzklotz fixieren. 2 Den Adventskranzreifen beidseitig mit Strohblumen bekleben. 3 Aluminiumdraht in gewünschte Länge schneiden, an einem Ende *Eucalyptus*-Blätter und Holzperle auffädeln, am anderen Ende den Kranz aus Strohblumen anbringen und am Grundgerüst fixieren.

Eucalyptus robusta · *Xerochrysum bracteatum* · Ranke · Holzklotz

Adventskranzreifen, Classic-Dekodraht kupfer, Aluminiumdraht kupfer (alles BUCO) · Holzperle · Krampe · Heißkleber

Zeit 20 min · **Höhe** 52 cm
Breite 34 cm · **Höhe** 52 cm

Brautsträuße mit BRAUTSTRAUSSHALTERN

Es geht nicht nur schnell damit, sie sind auch praktisch und halten den Blumenschmuck des Brautstraußes lange frisch. Brautstraußhalter sind einfach unerlässlich. Und wenn dann noch raffinierte Umkränzungen mittels Stofffaltung oder als Blütenkranz hinzukommen, ist kaum mehr zu erahnen, welche perfekten Hilfsmittel den zauberhaften Schmuck ermöglichen.

Campanula medium · *Clematis* Cultivar · *Dianthus caryophyllus* · *Eustoma grandiflorum* · *Limonium tetragonum* · *Matthiola incana* · *Papaver nudicaule* · *Ranunculus asiaticus* 'Butterfly' · *Rosa* Cultivar

Band (Vivant)

Brautstraußhalter „Lady I" (OASIS® Floral Products)

Zeit 20 min · **Höhe** 35 cm · **Breite** 35 cm · **Tiefe** 35 cm

Dekorationselemente im Bild: Couch (KFF)

Allium giganteum · *Clematis* Cultivar · *Dianthus caryophyllus* · *Eustoma grandiflorum* · *Matthiola incana* · *Papaver nudicaule* · *Pelargonium odoratus* · *Phlebodium aureum* · *Ranunculus asiaticus* 'Butterfly' · *Rosa* Cultivars

Stoff · Band · Stecknadeln · Papier

Brautstraußhalter „ECObase® Lady Round", doppelseitiges Transparentklebeband (beides OASIS® Floral Products)

Zeit 50 min · **Höhe** 55 cm · **Breite** 50 cm · **Tiefe** 40 cm

Dekorationselemente im Bild: Couch (KFF)

1

2

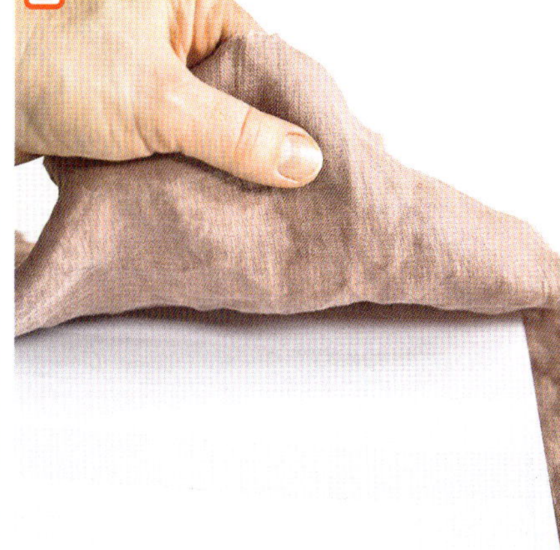

3

4

» 1 Frischblumensteckschaum des Brautstraußhalters wässern. Für die umgelegte Stofffaltung zunächst zur Versteifung ein A4-Papierblatt mit drei Streifen doppelseitigem Klebeband versehen. 2 Hier den Stoff aufkleben und zum Fächer falten. 3 Die Faltung um den Rand des Brautstraußhalters legen und mittels Stecknadeln fixieren. 4 Das Band unterhalb des Stofffächers anlegen und ebenfalls mit Stecknadeln befestigen, bevor dann die Blumen in den gewässerten Steckschaum eingefügt werden.

Calendula officinalis · *Capsella bursa-pastoris* · *Clematis* Cultivar · *Crocosmia masoniorum* · *Limonium tetragonum* · *Matthiola incana* · *Pelargonium odoratus* · *Ranunculus asiaticus* 'Butterfly' · *Rosa* Cultivars

Band (Vivant)

Brautstraußhalter „Ladynette" (OASIS® Floral Products)

Zeit 25 min · **Höhe** 40 cm · **Breite** 65 cm · **Tiefe** 25 cm

Dianthus caryophyllus · *Eustoma grandiflorum* · *Limonium tetragonum* · *Matthiola incana* · *Papaver nudicaule* · *Pelargonium odoratus* · *Rosa* Cultivar

Wildseiden-Band, Kordel (beides Vivant)

Brautstraußhalter „Lady Plus", doppelseitiges Transparentklebeband (beides OASIS® Floral Products)
Verdunstungsschutzspray (FLORALIFE® Post Harvest Products)

Zeit 20 min · **Höhe** 40 cm · **Breite** 45 cm · **Tiefe** 45 cm

Dekorationselemente im Bild: Vase (DutZ Collection) · Couch (KFF)

»

1 Den Griff vom Brautstraußhalter mit doppelseitigem Transparentklebeband umwickeln und darum die Kordel dicht an dicht kleben. Dabei darauf achten, dass der Halter weiterhin zum Nachwässern teilbar bleibt. 2 Dann die Blumen in den gewässerten Steckschaum des Körbchens einfügen und mit Verdunstungsschutzspray für eine bessere Haltbarkeit einsprühen. 3 Zuletzt Band am Griff festknoten, den teilbaren Griff öffnen und den unteren Steckschaumbereich zum Nachwässern in ein mit Wasser gefülltes Glas bis zum Einsatz des Brautstraußes stellen.

Alle Blüten stecken im Brautstraußhalter. Die Stiele, u.a. vom gut haltbaren Strandflieder, sind anschließend außen am Brautstraußhalter mittels Floraltape fixiert.

Dianthus caryophyllus · Eustoma grandiflorum · Gloriosa superba · Limonium tetragonum · Matthiola incana · Ranunculus asiaticus 'Butterfly' · *Rosa* Cultivar

Kordel (Vivant)

Brautstraußhalter „Little Lady", Floraltape (beides OASIS® Floral Products)

Zeit 30 min · **Höhe** 60 cm · **Breite** 45 cm · **Tiefe** 45 cm

Clematis Cultivars · *Crocosmia masoniorum* · *Dianthus caryophyllus* · *Gloriosa superba* · *Limonium tetragonum* · *Pelargonium odoratus* · *Ranunculus asiaticus* 'Butterfly' · *Rosa* Cultivar

Band (Vivant) · Strohkranz · Steckdraht, Papierwickeldraht (beides BUCO)

Brautstraußhalter „Lady I", Floraltape (beides OASIS® Floral Products)

Zeit 35 min · **Höhe** 41 cm · **Durchmesser** 39 cm

Dekorationselemente im Bild: Couch (KFF)

1 Zunächst drei Steckdrähte mit Floraltape umwickeln und diese am Strohkranz befestigen. 2 Nun den Kranz zunächst mit Band, anschließend mittels Papierwickeldraht mit dem Strandflieder umwickeln. 3 Diesen Kranz nun als Manschette anhand der Steckdrähte und mithilfe des Floraltapes am gewässerten Brautstraußhalter fixieren, bevor die Blüten in das gewässerte Steckschaumkörbchen eingefügt werden.

1

2

3

» Zu den Produkten von Smithers-Oasis siehe Seite 62–63.

Sträuße voller OPTIMISMUS

Alchemilla mollis · *Astilbe x arendsii* · *Hosta* Cultivar · *Leucanthemum x superbum* · *Lilium* Cultivar · *Matthiola incana* · *Oxypetalum coeruleum* · *Panicum capillare* · *Rosa* Cultivar · *Zantedeschia* Cultivar

Vase (DutZ Collection) · Bindebast

Zeit 15 min · **Höhe** 60 cm · **Durchmesser** 60 cm

Celosia argentea · *Dahlia* Cultivar · *Eremurus* Cultivar · *Lilium* Cultivar · *Oxypetalum coeruleum* · *Panicum capillar* · Gräser

Vase · Bindebast

Zeit 10 min · **Höhe** 90 cm · **Durchmesser** 30 cm

Aesculus hippocastanum · *Delphinium* Cultivar · *Miscanthus sinensis* · *Paeonia lactiflora* · *Rosa* Cultivar · *Trachelium caeruleum* · *Zantedeschia aethiopica* · Zweige

Vase (ASA) · Bindebast

Zeit 10 min · **Höhe** 78 cm · **Durchmesser** 80 cm

Brodiaea elegans · *Caladium bicolor* · *Convolvulus arvensis* · *Dahlia* Cultivar · *Gypsophila paniculata* · *Hyacinthoides hispanica* · *Matricaria chamomilla* · *Nigella damascena* · *Rosa* Cultivar · *Scabiosa atropurpurea* · *Scabiosa caucasica*

Kordel · Schale (D&M) · Bindebast

Zeit 15 min · Höhe 40 cm · Durchmesser 45 cm

Dekorationselemente im Bild: Becher (ASA)

Anthurium Cultivar · *Craspedia globosa* · *Delphinium* Cultivar · *Eucalyptus gunnii* · *Gladiolus* Cultivar · *Hosta* Cultivar · *Leucanthemum x superbum* · *Panicum capillar* · *Viburnum opulus*

Gefäß (ASA) · Bindebast

Zeit 10 min · Höhe 80 cm · Durchmesser 70 cm

Dekorationselemente im Bild: Geschirr (The Family House)

Allium giganteum · *Gloriosa superba* · *Hosta* Cultivar · *Leucanthemum x superbum* · *Paeonia lactiflora* · *Rosa* Cultivar · *Trachelium caeruleum*

Vase (D&M) · Bindebast

Zeit 10 min · Höhe 47 cm · Durchmesser 40 cm

Allium giganteum · *Celosia argentea* · *Curcuma alismatifolia* · *Hyacinthoides hispanica*

Vase (DutZ Collection) · Bindebast

Zeit 10 min · Höhe 52 cm · Durchmesser 50 cm

Dekorationselemente im Bild: Becher (ASA)

Alchemilla mollis · *Allium giganteum* · *Antirrhinum majus* · *Campanula medium* · *Craspedia globosa* · *Gloriosa superba* · *Paeonia lactiflora* · *Panicum capillar* · *Rosa* Cultivar · Gräser · Zweige

Vase (ASA) · Bindebast · Steckdraht (BUCO)

Zeit 20 min · **Höhe** 60 cm · **Durchmesser** 70 cm

Dekorationselemente im Bild: Geschirr (The Family House)

Blühende Vielfalt mit PELARGONIEN

Sie sind pflegeleicht, variantenreich und dauerhaft bis zum Herbstende hinein blühend. Pelargonien erfreuen aufgrund ihrer Farbvielfalt vor allem im Mix der Gattungen. Es gibt die sogenannten stehenden und die hängenden Sorten, dazu die großblütigen Edelpelargonien und die lieblich anzusehenden Schmetterlingsgeranien sowie die Kleinblütigen und die herrlich duftenden Blattgeranien. Geranien avancieren in jeglicher Hinsicht zum Sommerhit im Balkonkasten.

Helichrysum italicum · *Pelargonium crispum*, *Pelargonium zonale* (beides PfE) · Moos

Schale (D&M) · Kerze (Wenzel) · Schnur · Einmachglas · Pflanzerde

Zeit 8 min · **Höhe** 35 cm · **Durchmesser** 33 cm

Pelargonium zonale (PfE) · Maulbeerbaumrinde (Lino)

Tontopf · Untersetzer · Schnur (Vivant) · Band · Zierdraht (BUCO) · Wandfarbe · Pflanzerde

Zeit 10 min · **Höhe** 36 cm · **Durchmesser** 23 cm

alle Angaben für ein Werkstück

1 Einen Tontopf mit Farbe kolorieren, trocknen lassen. 2 Dann zunächst mit Maulbeerbaumrinde, anschließend mit Band und Draht umwickeln. 3 Zuletzt den Tontopf bepflanzen.

1

2

3

Pelargonium peltatum, Pelargonium zonale (beides PfE) · Ast

Balkonkasten · Pflanzerde · Steckdraht (BUCO)

Zeit 15 min · **Höhe** 48 cm · **Breite** 80 cm · **Tiefe** 38 cm

Pelargonium crispum, Pelargonium peltatum, Pelargonium zonale (alles PfE) · *Thymus vulgaris* · Ast

Schnur (Vivant) · Schnüre · Balkonkasten · Pflanzerde · Steckdraht (BUCO)

Zeit 15 min · **Höhe** 45 cm · **Breite** 53 cm · **Tiefe** 33 cm

alle Angaben für ein Werkstück

Helichrysum petiolare · *Pelargonium grandiflorum, Pelargonium odoratus, Pelargonium peltatum, Pelargonium zonale* (alles PfE)

Schnur (Vivant) · Band · Holzbrett · Kunststofftopf · Schraubösen · Schrauben · Wandfarbe · Pflanzerde · Drainagematerial

Zeit 15 min · **Höhe** 60 cm · **Breite** 45 cm · **Tiefe** 38 cm

alle Angaben für ein Werkstück

Dekorationselemente im Bild: Kissen (Hübsch)

1 Zunächst ein Holzbrett mit Wandfarbe streichen und trocknen lassen. Dann einen Kunststofftopf auf das Brett schrauben. 2 Anschließend beides zusammen mit Band und Schnur umwickeln. 3 Danach Schraubösen oberhalb vom Brett befestigen und daran das Ganze aufhängen. Zum Schluss den Kunststofftopf bepflanzen.

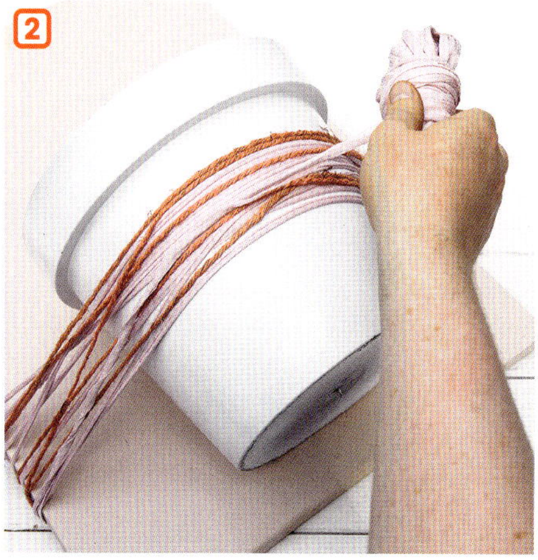

Helichrysum petiolare · *Pelargonium peltatum, Pelargonium zonale* (beides PfE)

Gefäß · Korb · Schnur (Vivant) · Band · Drainagematerial · Pflanzerde

Zeit 15 min · **Höhe** 38 cm · **Durchmesser** 50 cm

Clematis vitalba · *Pelargonium grandiflorum, Pelargonium odoratus, Pelargonium peltatum, Pelargonium zonale* (alles PfE) · *Stachys byzantina*

Gefäß · Drainagematerial · Pflanzerde · Steckdraht (BUCO)

Zeit 15 min · **Höhe** 72 cm · **Durchmesser** 80 cm

Helichrysum petiolare · *Pelargonium grandiflorum, Pelargonium zonale* (beides PfE) · *Thymus vulgaris*

Gefäß (Fink) · Kerze (Wenzel) · Glas · Band · Schnur · Tontopf · Gewindestange · Muttern · Unterlegscheibe · Abtönfarbe · Drainagematerial · Pflanzerde

Heißkleber (OASIS® Floral Products)

Zeit 18 min · **Höhe** 112 cm · **Durchmesser** 52 cm

alle Angaben für das rechte Werkstück

1

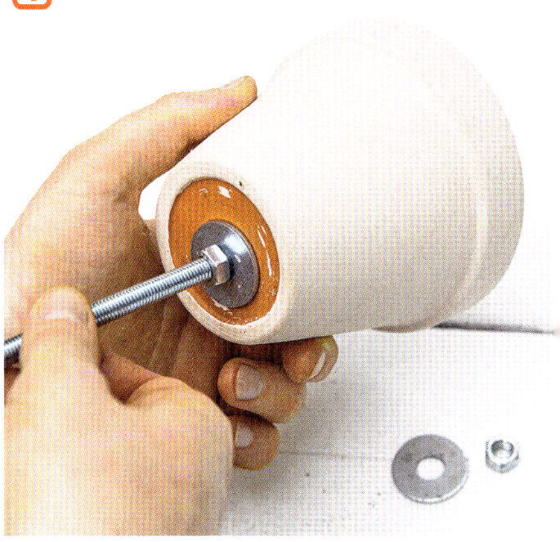

2

3

1 Für das Windlicht zunächst einen Tontopf kolorieren, trocknen lassen und diesen dann durch das Loch im Topfboden auf einer Gewindestange befestigen. Diese komplett mit Schnur umwickeln und in das bepflanzte Gefäß stecken. 2 Ebenso das Glas mit Band und Schnur umwickeln. 3 Dieses in den Tontopf einstellen und mit der Kerze versehen.

» Zu den Produkten von Pelargonium for Europe siehe Seite 68–69.

Neuerscheinungen
ZUM WIEDERVERKAUF

Celia Nentwig

Klein und köstlich

Selbstgemachtes aus meiner Naturküche

144 Seiten, Format 21, x 28 cm,
Text deutsch, Hardcover
€ (D) 19,90 | € (A) 20,50 | SFR (CH) 24,9
ISBN 978-3-96563-076-5

Mehr Infos und Leseprobe unter:
blooms.de/kleinköstlich

Das Buch „Klein und köstlich" nimmt zubereitete Genüsse aus der Wald- und Wiesenküche in den Blick, die hübsch verpackt und präsentiert ideale Geschenke darstellen, um anderen Freude zu bereiten. Von raffinierten Gelees und Marmeladen, über pikante Chutneys, Pestos, Pasten sowie vollmundigen Likören, würzigen Salzen, Ölen oder Wildfrucht-Essigen bis hin zu gesunden Kräuter-Smoothies und Oxymels reicht das Repertoire. Alle Rezepte werden ausführlich beschrieben und sind leicht nachzumachen. Die Anregungen aus allen Jahreszeiten für die Verschenkideen sind überraschend kreativ und vielseitig. Die stimmungsvollen Bilder machen Lust aufs eigene Ausprobieren.

BLOOM's

BLUMIGER LIFESTYLE – LEBENSGENUSS MIT BLUMEN UND PFLANZEN

Team BLOOM's

444 Dekoideen mit Blumen & Pflanzen

Happy Deko – Happy me

192 Seiten, Format 23 x 23 cm,
Text deutsch, Softcover
€ (D) 16,90 | € (A) 17,40 | SFR (CH) 21,90
ISBN 978-3-96563-079-6

Mehr Infos und Leseprobe unter:
blooms.de/happydeko

Das Buch „444 Dekoideen mit Blumen & Pflanzen" hält zahlreiche Dekorationsideen und Gestaltungsbeispiele bereit, mit denen sich das eigene Zuhause kreativ verschönern lässt. Zusätzlich zu den vier jahreszeitlich ausgerichteten Kapiteln gibt es auch Ideen für ganzjährige Umsetzungen. Neben Vorschlägen für abwechslungsreiche Tischdekorationen zum Osterbrunch, einem Kaffeeklatsch im Herbst, dem Weihnachtsdinner oder der Gartenparty, werden auch Bepflanzungen für drinnen und draußen, kreative DIY Inspirationen, Geschenke für liebe Menschen und vieles mehr präsentiert. Die über 600 Bilder, die anschaulich die stimmungsvollen Ideenanregungen vermitteln, werden ergänzt durch beschreibende Texte sowie Tipps und informative Hinweise. Eine Fundgrube an Ideen für alle, die gerne dekorieren und kreativ sind.

Rabattstaffel für den Wiederverkauf:

ab 5 Stück:	35 %
ab 10 Stück:	40 %
ab 20 Stück:	45 %

+ jeweils 1 Freiexemplar bei Erstbestellung von mindestens 5 Stück

Bestellung: **0800 0 256667** (kostenlos für Anrufer aus Deutschland)
0049 2102 9644-0 (für Anrufer aus dem Ausland)
online: **blooms.de/shop** oder per Mail: **info@blooms.de**

BLOOM's
MEDIEN | MARKETING | EVENTS

VERKAUFSKONZEPT IN KW 23–24

STAYCATION

Landgard®

URLAUB ZUHAUSE.

Sommerzeit ist Ferienzeit! Mit dem neuen Landgard-Verkaufskonzept „Staycation“ fängt die Urlaubserholung gleich daheim in den vier Wänden, auf dem Balkon und im eigenen Garten an – garantiert ohne endlose Warterei am Flughafen, Jetlag und böse Hotelüberraschungen. Ob Tropen, Bergwelt, Nordsee oder mediterrane Landschaften, umgeben von Oleander, Rosen, Lavendel, Gräsern, Palmen und anderen passenden Blumen und Pflanzen träumen sich Gartenfreunde im Nu fort in ihre liebste Urlaubsregion. Sommerliche Arrangements in Pink, Rose, Gelb und Weiß greifen den Urlaub zuhause am POS immer wieder neu auf und inspirieren für die schönste Zeit des Jahres.

1.

1. DECKENHÄNGER

Runder Deckenhänger als verspielte Dekoration am POS

- 50 cm Durchmesser
- Hohlkammerplatte
- 4/4-farbig
- konturgeschnitten mit zwei Bohrlöchern oben

2. TISCHAUFSTELLER METALLFUSS

Tischaufsteller mit edlem Metallfuß aus Edelstahl

- 45 x 70 cm, 4/4, inkl. Edelstahlfuß 21 0 x 45 x 100 cm
- 10 mm Hartschaumplatte
- 4/4-farbig

3. TISCHSCHÜRZE

Tischschürze zur Dekoration von Präsentationstischen

- 1050 x 25 cm, Klettband und Flauschband 2,5 cm oben
- 4/0-farbig

5. DECKENBANNER

Großformatiger Deckenbanner im Querformat

- 300 x 150 cm
- Fahnenstoff
- 4/0-farbig

6. HISSFLAGGE

Hissflagge für die Outdoor-Werbung

- 150 x 400 cm
- Fahnenstoff
- Druck scheint spiegelverkehrt durch

5.

6.

2.

3.

7.

4.

4. THEKENAUFSTELLER

Thekenaufsteller aus Acrylglas

- DIN A3, Acrylglas 2 mm
- inkl. 1 Stück, DIN A3-Plakat 4/4-farbig, 250g glänzend

7. TISCHAUFSTELLER DREISEITIG

Aufsteller für den POS

- Format offen 70 x 70 cm, rückseitig gefalzt, 3-seitig zu je 22,5 x 70 cm zzgl. 2,5 cm Lasche, inkl. doppelseitigem Klebeband
- 4/0-farbig

» Zur floristischen Verwendung der Produkte siehe Seite 04–09.

8. PLAKAT
Konzeptplakat im Hochformat

› DIN A1, 135 g/m²
› 4/0-farbig

8.

9.

11.

10.

9. DEKOBANNER
Dekobanner als Bestandteil der Präsentation am POS

› 80 x 190 cm, Hohlsaum oben und unten
› 4/4-farbig
› alternativ mit Stab und Kordel

10. POSTKARTE
Konzept-Postkarte zum Mitnehmen

› DIN A6
› 300 g/m² Chromokarton mit 1,4-fachem Volumen
› 4/4-farbig

11. 18/1 PLAKAT
XXL-Plakat für besonders große Flächen

› 356 x 252 cm
› 120 g/m² Affichen
› 4/0-farbig

PFLANZENPORTFOLIO

Topfpflanzen

› Ziergras
› *Nerium oleander*
› *Trachycarpus*
› *Phoenix*
› *Dianthus*
› Gartenrose
› *Lavandula*
› Solitärstaude

Schnittblumen

› *Gladiolus* (Gladiole)
› *Chasmantium* (Zittergras)
› *Allium giganteum* (Lauch)

Abgestimmt zu den Konzepten werden in jedem C&C Markt passende Topf-Pflanzen, Convenience-Artikel sowie Schnittblumen und Dekoartikel angeboten.

Alle aufgeführten Werbemittel erhalten Sie unter **landgard-werbemittel.de**

Alles für die perfekte Hochzeit ist nur einen Knopfdruck entfernt

» Zur floristischen Verwendung der Produkte siehe Seite 10–17.

Wir dürfen wieder feiern
Floristen und Floristinnen haben lange Zeit auf Veranstaltungen und Events verzichten müssen. Neben dem finanziellen Verlust ging auch ein dynamisches Stück der Arbeit verloren, sowie die Möglichkeit, Blumen auf eine ganz andere Art und Weise zu verwenden oder andere Blumen als die aus dem Geschäft zu wählen.

Jetzt können wir wieder Feste feiern und es sieht so aus, als ob die Leute davon regen Gebrauch machen.

So viele Menschen, so viele Meinungen
Jedes Brautpaar ist einzigartig, ebenso wie sein Geschmack und seine Vorlieben für Blumen. Bei FleuraMetz bemühen wir uns, Inspiration sowie ein breitgefächertes Sortiment an Blumen, Pflanzen und Accessoires für Hochzeiten anzubieten.

Deshalb stellen wir in unserem Webshop eine große Auswahl an Hochzeitsthemen bereit, die mit einer Produktliste verknüpft sind. Die Produkte werden auf der Grundlage des Themas ausgewählt und bieten einen sofortigen Überblick. Mit einem Klick werden die Produkte angezeigt, die wir für die verschiedenen Themen verwendet haben. Wir hoffen, Sie damit zu inspirieren und den Kaufprozess zu vereinfachen.

Die Hochzeitsthemen und -listen stehen auf unserer Website, in den sozialen Medien und in unserem Webshop zur Verfügung.

Wenn Sie Ideen/Wünsche für andere Themen haben, würden wir uns über Ihre Rückmeldung freuen, damit wir das Angebot noch besser an Ihre Bedürfnisse anpassen können. (info@fleurametz.com)

Floristikbedarf von Smithers-Oasis

OASIS® ECObase® Lady Round

mit Hartschaumunterlage und Kunststoffgriff, Schaum: 4,5 x Ø 15,5 cm, Griff: 12 cm, Art.-Nr. 11-00203

OASIS® Lady I

Schaumkörperboden offen, Ø 8 cm, Art.-Nr. 11-03018

OASIS® Ladynette

Schaumkörperboden offen, abgewinkelter Griff, Ø 7 cm, Art.-Nr. 11-03020

OASIS® Princess I

Schaumkörperboden geschlossen, Ø 7 cm, Art.-Nr. 11-03001

OASIS® Little Lady

Schaumkörperboden geschlossen, Ø 5 cm, Art.-Nr. 11-03007

Kerzenhalter

grün, zur Befestigung von Stab- bzw. Leuchterkerzen in Frisch- und Trockenblumensteckschaum, Ø 2,5 cm, L 11,5 cm, grün, Art.-Nr. 31-04033

OASIS® Lady II

Schaumkörperboden geschlossen, Ø 7 cm, Art.-Nr. 11-03019

OASIS® Lady Plus

Schaumkörperboden offen, Griff teilbar zum Nachwässern, Ø 8 cm, Art.-Nr. 11-03099

» Zur floristischen Verwendung der Produkte siehe Seite 10–17, 24–29 und 36–41.

OASIS® SEC Ziegel

grau, farbstabil, leicht zu schneiden und zu bestecken
23 x 11 x 8 cm, Art.-Nr. 20-02302

OASIS® Dekogewebe kompostierbar

weiß uni, kompostierbar, besteht zu 75 % aus Kiefer- und zu 25 % Eukalyptusfasern, nachhaltig und umweltfreundlich,
L 9 m, B 51 cm, Art.-Nr. 41-01818
In unterschiedlichen Ausführungen erhältlich.

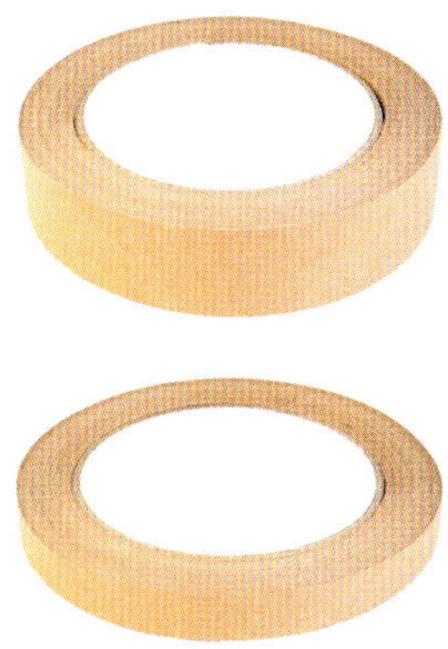

Papierklebeband

Naturfarben, mit Kleber aus Naturkautschuk
L 40 m, B 12 mm, Art.-Nr. 31-06000
L 40 m, B 24 mm, Art.-Nr. 31-06001

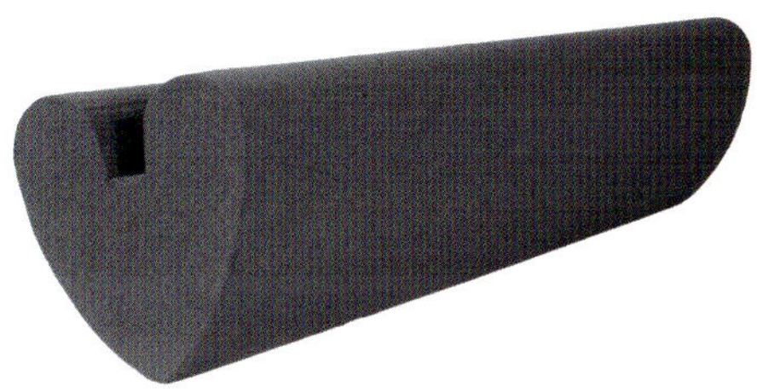

OASIS® BLACK IDEAL Herzstange

schwarz, Höhe individuell zuschneidbar,
L 12,1 cm, B 11,8 cm, H 55 cm, Art.-Nr. 11-11103

OASIS® AQUA COLOUR Spray

400 ml/Dose, wasserbasierte Formulierung, für den Innen- und Außenbereich geeignet, besonders lichtecht, geruchsneutral, schnelltrocknend, blumenverträglich, universell einsetzbar

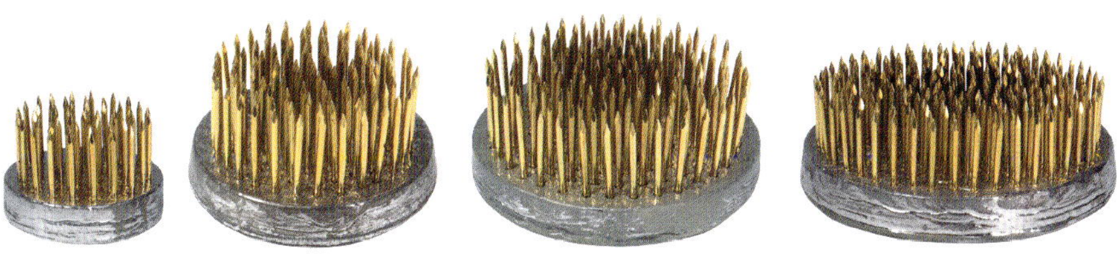

Steckigel

silber/ messing, zum Arrangieren von Schnittblumen nach traditioneller Ikebana-Technik. Die Schnittblumen können ganz einfach auf die Messing-Pins gesteckt werden. Durch die metallhaltige Basis wird das Arrangement entsprechend beschwert und stabilisiert, auch in einem Gefäß mit Wasser.
Ø 3,75 cm, Art.-Nr. 45-03080
Ø 5 cm, Art.-Nr. 45-03081
Ø 6,25 cm, Art.-Nr. 45-03082
Ø 7,5 cm, Art.-Nr. 45-03083

OASIS® Fix

Klebemasse, 10 mm x 5 m,
grün, Art.-Nr. 31-06010

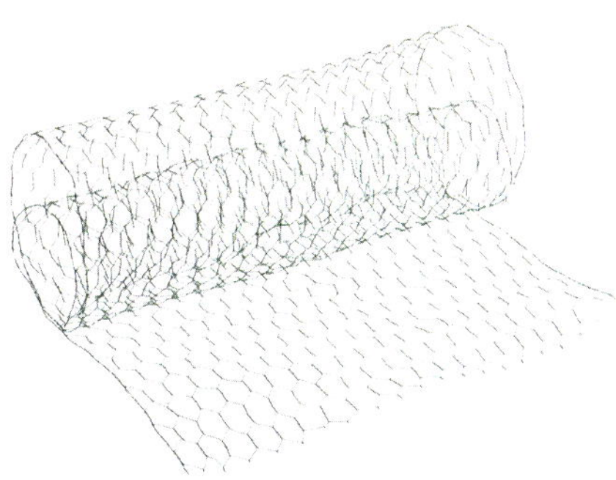

Hühnerdraht

silber, flexibles Drahtgeflecht, zuschneidbar,
L 45,7 m, B 45 cm, Art.-Nr. 40-00123
In unterschiedlichen Farben erhältlich.

www.oasisfloral.de
online.oasisfloral.de
OASISFloralProductsGermany
oasisfloralproductsgermany

oasis®
FLORAL PRODUCTS

Smithers-Oasis Germany GmbH
Heinrich-Büssing-Straße 5
67269 Grünstadt

Kostenfreie Hotline: 0800 8890988
(für Anrufe innerhalb Deutschlands)
Germanyinfo@smithersoasis.com

JustChrys – Die Sommerkollektion

Baltazar Flame
Deko, Spinne, rot-gelb
Blütengröße > 13 cm
Art.-Nr. 124588

Bontempi
Spray, einzel, rot
Blütengröße ca. 10-13 cm
Art.-Nr. 110278

Calimero Salmon
Santini, Pompon, lachsfarben
Blütengröße ca. 2 cm
Art.-Nr. 108689

PIP Salmon
Deko, dekorativ, lachsfarben-weiß
Blütengröße ca. 10-13 cm
Art.-Nr. 188291

Pastela Bellini
Spray, dekorativ, pfirsich
Blütengröße ca. 7-10 cm
Art.-Nr. 127235

Kalimba
Spray, dekorativ, rosa
Blütengröße ca. 7-10 cm
Art.-Nr. 122860

Pjotr
Deko, dekorativ, gelb
Blütengröße > 13 cm
Art.-Nr. 105698

Rossi Lobster
Santini, einzel, lachsfarben
Blütengröße ca. 2,5-4 cm
Art.-Nr. 119285

Raisa
Spray, einzel, rot-gelb
Blütengröße ca. 7-10 cm
Art.-Nr. 105420

Haydar Salmon
Spray, einzel, lachsfarben-gelb
Blütengröße ca. 4-7 cm
Art.-Nr. 274556

Ofir
Deko, Spinne, grün
Blütengröße ca. 10-13 cm
Art.-Nr. 123627

Melissa
Santini, einzel, dunkelorange
Blütengröße ca. 2,5-4 cm
Art.-Nr. 115675

» Zur floristischen Verwendung der Produkte siehe Seite 18–23.

AAA Doria Cherry

Santini, Pompon, lachsfarben
Blütengröße ca. 2,5-4 cm
Art.-Nr. 118338

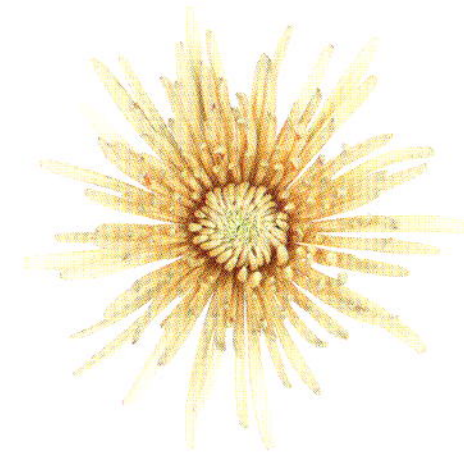

Cipria Salmon

Deko, Spinne, lachsfarben
Blütengröße > 13 cm
Art.-Nr. 126101

Couture

Deko, dekorativ, lila
Blütengröße ca. 10-13 cm
Art.-Nr. 126006

Korona

Spray, Spinne, gelb
Blütengröße ca. 7-10 cm
Art.-Nr. 108928

Madiba® Green Brits

Santini, einzel, grün
Blütengröße ca. 2 cm
Art.-Nr. 125620

Madiba® Yellow Pompon

Santini, Pompon, gelb
Blütengröße < 2 cm
Art.-Nr. 126037

Zembla Brasil

Deko, dekorativ, gelb-limefarben
Blütengröße ca. 13 cm
Art.-Nr. 109947

Hardwell

Spray, einzel, lila-weiß
Blütengröße ca. 7-10 cm
Art.-Nr. 124183

Saba

Spray, Anemone, lila-weiß
Blütengröße ca. 7-10 cm
Art.-Nr. 104213

Das ganze Sortiment gibt es auf:
https://www.justchrys.com/de/sortiment/

Justchrys.com

Just Chrys

Website: justchrys.com
Instagram: @justchrysanthemum
Facebook: @justchrysanthemums
Pinterest: @justchrysant

Draht- & Metallprodukte von BUCO

Gestaltungsrahmen Herzform

schwarz
24 cm, Art.-Nr. 00710 12 24000
37 cm, Art.-Nr. 00710 12 37000
56 cm, Art.-Nr. 00710 12 56000

Gestaltungsrahmen Herzform

weiß
24 cm, Art.-Nr. 00710 31 24000
37 cm, Art.-Nr. 00710 31 37000
56 cm, Art.-Nr. 00710 31 56000

Gestaltungsrahmen

weiß, Ø 6 mm
Ø 30 cm, Art.-Nr. 00730 31 30000
Ø 40 cm, Art.-Nr. 00730 31 40000
Ø 60 cm, Art.-Nr. 00730 31 60000

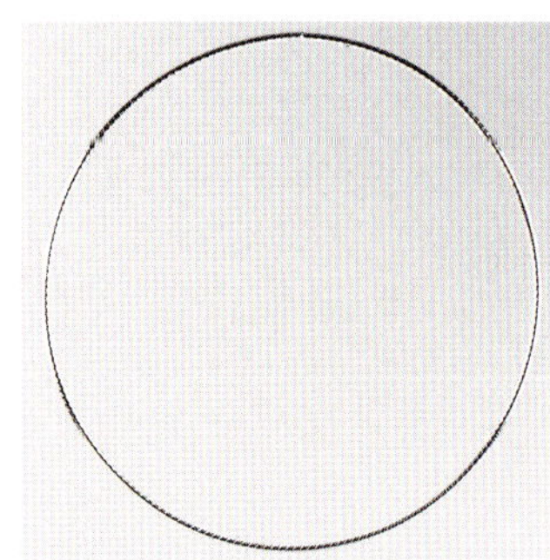

Gestaltungsrahmen

schwarz, Ø 6 mm
Ø 30 cm, Art.-Nr. 00730 12 30000
Ø 40 cm, Art.-Nr. 00730 12 40000
Ø 60 cm, Art.-Nr. 00730 12 60000

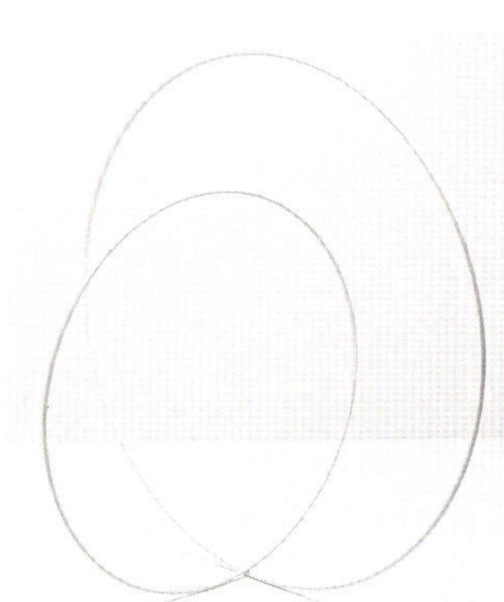

Dekoring

Eisendraht, weiß, Ø 4 mm
Ø 30 cm, Art.-Nr. 00730 31 40300
Ø 40 cm, Art.-Nr. 00730 31 40400

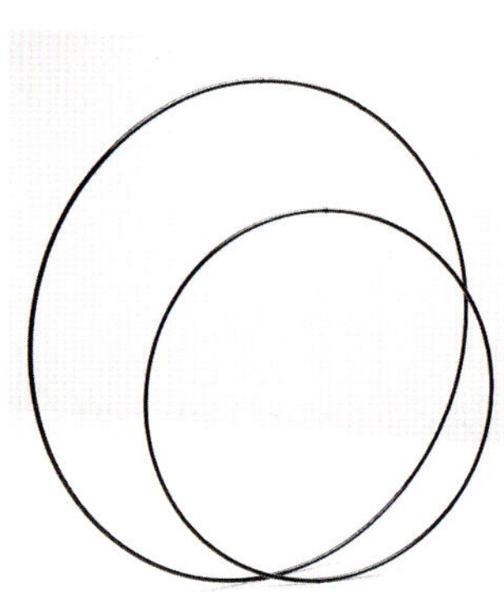

Dekoring

Eisendraht, schwarz, Ø 4 mm
Ø 30 cm, Art.-Nr. 00730 12 40300
Ø 40 cm, Art.-Nr. 00730 12 40400

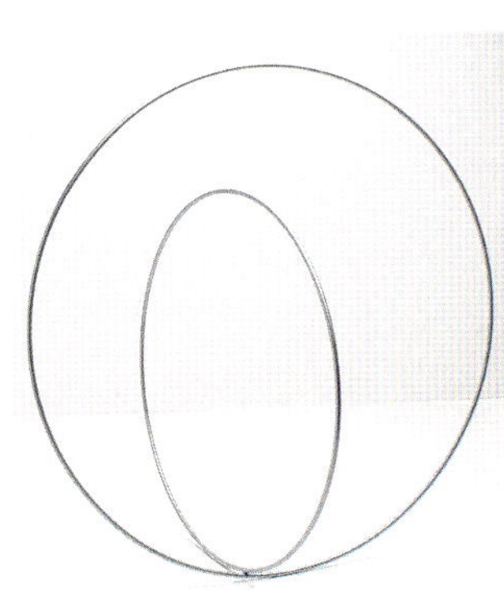

Dekoring

Eisendraht, silber, Ø 4 mm
Ø 30 cm, Art.-Nr. 00730 05 40300
Ø 40 cm, Art.-Nr. 00730 05 40400

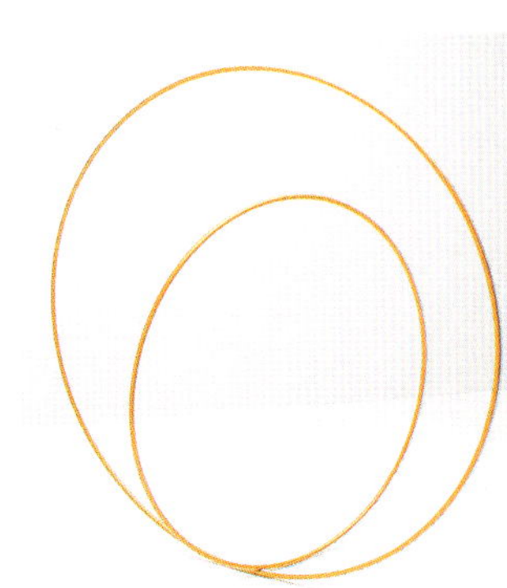

Dekoring

Eisendraht, gold, Ø 4 mm
Ø 30 cm, Art.-Nr. 00730 07 40300
Ø 40 cm, Art.-Nr. 00730 07 40400

» Zur floristischen Verwendung der Produkte siehe Seite 30–35.

Alu-Flachdraht geprägt

silber
10 m/Ring, 5 mm
Art.-Nr. 21590 05 50000

5 m/Ring, 15 mm
Art.-Nr. 21190 05 15000

3 m/Ring, 30 mm
Art.-Nr. 21290 05 30000

Alu-Flachdraht geprägt

hellgold
10 m/Ring, 5 mm
Art.-Nr. 21590 07 50000

5 m/Ring, 15 mm
Art.-Nr. 21190 07 15000

3 m/Ring, 30 mm
Art.-Nr. 21290 07 30000

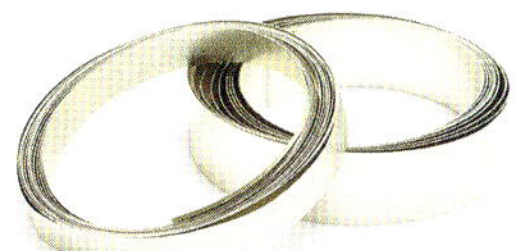

Alu-Flachdraht geprägt

champagner
10 m/Ring, 5 mm
Art.-Nr. 21590 24 50000

5 m/Ring, 15 mm
Art.-Nr. 21190 24 15000

3 m/Ring, 30 mm
Art.-Nr. 21290 24 30000

Alu-Flachdraht geprägt

braun
10 m/Ring, 5 mm
Art.-Nr. 21590 10 50000

5 m/Ring, 15 mm
Art.-Nr. 21190 10 15000

3 m/Ring, 30 mm
Art.-Nr. 21290 10 30000

Alu-Flachdraht Steinoptik

braun
5 m/Ring, 15 mm x 0,5 mm
Art.-Nr. 20690 10 15000

3 m/Ring, 30 mm x 0,5 mm
Art.-Nr. 20790 10 30000

Alu-Flachdraht Steinoptik

hellgold
5 m/Ring, 15 mm x 0,5 mm
Art.-Nr. 20690 07 15000

3 m/Ring, 30 mm x 0,5 mm
Art.-Nr. 20790 07 30000

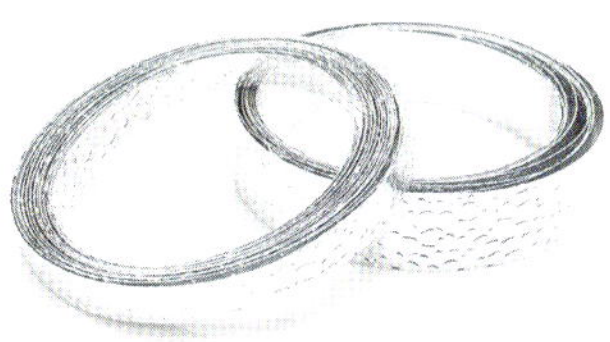

Alu-Flachdraht Steinoptik

silber
5 m/Ring, 15 mm x 0,5 mm
Art.-Nr. 20690 05 15000

3 m/Ring, 30 mm x 0,5 mm
Art.-Nr. 20790 05 30000

Alu-Flachdraht Steinoptik

saffran
5 m/Ring, 15 mm x 0,5 mm
Art.-Nr. 20690 52 15000

3 m/Ring, 30 mm x 0,5 mm
Art.-Nr. 20790 52 30000

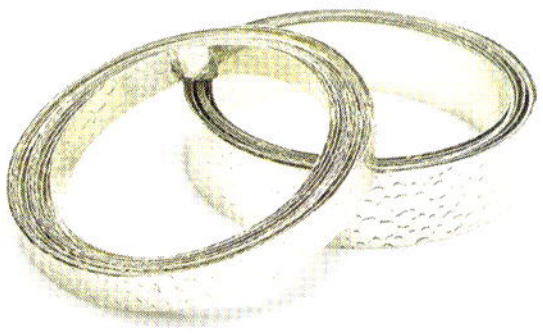

Alu-Flachdraht Steinoptik

champagner
5 m/Ring, 15 mm x 0,5 mm,
Art.-Nr. 2069 02 415000

3 m/Ring, 30 mm x 0,5 mm,
Art.-Nr. 2079 02 430000

BUCO®
der Draht

vom Braucke GmbH & Co KG
Zur Helle 28
58638 Iserlohn

Tel.: 02374 9790-0
Fax: 02374 9790-90
Mail: info@buco-wire.com
Website: buco-wire.com

PAKET 1: HELLO SUMMER

Es sind enthalten:

- 1 Banner „Blühfreude"
- 1 Posterserie „Geranienglück", 3 Stück
- 100 Pflegekarten mit Pflegehinweisen
- 1 Spannbanner „Blütenvielfalt"

Nur 39,90 € *(netto)*

ERFOLGREICH MIT GERANIEN!

Dabei unterstützen Sie die EU-geförderten Geranien-Werbemittel der Marketinginitiative Pelargonium for Europe (PfE).
Verlosen Sie in der Beet- & Balkonpflanzensaison einen Reisegutschein im Wert von 1.000 € – finanziert durch EU-Förderung – ohne Kosten für Sie! Mit solch einer Gewinnspielaktion schaffen Sie gezielt Aufmerksamkeit, stärken die Kundenbindung und begeistern Neukunden! Und das geht ganz einfach mit dem Paket 2 „Hello Happiness" aus der diesjährigen PfE-Kampagne.

PAKET 2: HELLO HAPPINESS

Es sind enthalten:

- 4 Gewinnspielposter
- 150 Gewinnspielflyer
- 1 Hissflagge „Blütezeit"
- 1 Deckenhängerset

Nur 59,90 € *(netto)*

GRATIS: Display für Ihre Flyer

GEWINNSPIEL-›AKTION‹

Neue Kundengruppe begeistern! Umsätze stärken! Aufmerksamkeit durch tolle Aktionen erzielen! Das und mehr dank der tollen PfE-Werbemittel zu Pelargonien! Mit dem Gewinnspielposter machen Sie u.a. am PoS auf Ihre Aktion aufmerksam. Ihre Kunden beantworten eine einfache Frage zur Geranie und senden die Teilnahmekarte an Pelargonium for Europe oder geben sie bei Ihnen ab. Und am Ende der Saison wird der Gewinner dann zentral von PfE ausgelost. Bewerben Sie Ihre Gewinnspielaktion in Ihrer Print- oder Online-Kommunikation und holen Sie so neue, junge Kunden in Ihr Geschäft.

Einfach im Online-Shop bestellen: pelargonium-marketing.eu

ENJOY IT'S FROM EUROPE